G

REVUE POLITIQUE

DE L'EUROPE

EN 1825.

DE L'IMPRIMERIE DE LACHEVARDIERE FILS,
RUE DU COLOMBIER, N° 30, A PARIS.

REVUE POLITIQUE

DE L'EUROPE

EN 1825.

Illi pro libertate, hi pro dominatione pugnant.

QUATRIÈME ÉDITION.

PARIS,

BOSSANGE FRÈRES, LIBRAIRES.

Juillet 1825.

AVERTISSEMÈNT

DES ÉDITEURS.

———

Cet ouvrage faisait partie du premier numéro d'une nouvelle Revue politique et littéraire qui devait commencer à paraître au mois de janvier. Cette entreprise étant retardée de quelques mois, nous avons cru important de ne pas différer la publication d'un article aussi remarquable que celui que nous offrons aujourd'hui au public, *et dont nous regrettons qu'il nous soit défendu de nommer l'auteur.*

———

REVUE POLITIQUE

DE L'EUROPE

EN 1825.

Illi pro libertate, hi pro dominatione pugnant.

Ceux qui savent combien l'homme et les lois humaines sont capables de perfection suivent d'un œil attentif le mouvement général des sociétés, qui les porte vers une civilisation inconnue jusqu'ici, si funeste aux préjugés qui ont gouverné l'ancien monde, si favorable aux principes qui doivent regler le nouvel ordre qui s'annonce. Jamais la philosophie n'eut un plus vaste sujet de méditation ; jamais spectacle ne fut plus grand et plus digne de l'admiration des hommes : il est nouveau dans le monde; l'antiquité ne l'a point offert. Ce grand état de civilisation, ce sujet de tant de faux raisonnements,

de tant de craintes insensées, que les uns
regardent comme la maturité des corps politiques et l'approche de leur décadence, que
les autres envisagent comme une source
plus épanchée des vices et des maux des sociétés humaines; cette civilisation tant ap-
préhendée, injustement décriée, aveuglé-
ment combattue, fut *ignorée* et l'est encore.
Elle n'est ni de Memphis, ni d'Athènes, ni
de Rome. Elle a été soupçonnée par quelques sages de l'antiquité, qui ne pouvaient
que faire des vœux pour elle ; elle n'a été
établie par aucun roi : elle ne pouvait
l'être. Son existence est le produit des siècles
et des relations universelles des hommes;
c'est le travail du temps, et l'œuvre du genre
humain lui-même. En civilisation, un siècle
n'est qu'un jour, un royaume n'est qu'un
point.

Dès que les rois ont cru l'apercevoir, ils

ont pensé que la civilisation n'était point dans l'intérêt de leur puissance ; ils ont fait des efforts pour l'arrêter, et l'ont traitée en ennemie. Tous ceux qui les environnent, qui doivent leur suprématie aux préjugés qui ont présidé à l'ancien état des choses, se sont effrayés des progrès d'une civilisation qui les détruit ; ils ont sollicité les rois de la combattre avec eux, et c'est ce que tous font en ce moment avec une aveugle application, sans prévoir les funestes conséquences de ce plan anti-social.

Cependant les rois ne la connaissent pas. La civilisation n'est point leur ennemie. La part des rois sera toujours noble et belle, quand ils voudront s'associer à l'humanité, et seconder ses nouvelles destinées. Ils la jugent par ces secousses et cet état de crise qui accompagnent ses efforts et son établissement ; ils ne peuvent la juger par des

exemples, le monde n'en a point. Ils ne l'ont
point vue sans doute dans l'histoire connue
des peuples : chez lequel iraient-ils l'inter-
roger? Athènes eut des lumières, mais elle
fut injuste et barbare; elle se fit des vertus
qui ne le seraient plus : elle les faisait sortir
de ses intérêts et de ses passions. Les vertus
de fer des premiers Romains ne signalent
qu'un peuple encore sauvage. La civilisation
de Rome consulaire et de Rome impériale se
bornait à Rome seule, ou, pour mieux
dire, à un nombre de familles romaines;
en sortant des portes de Rome, on ne la
retrouvait nulle part. Irons-nous la chercher
chez nos ancêtres, qui furent les plus ineptes
et les plus féroces des hommes? et il faut
avouer que, jusques aux derniers siècles, nos
révolutions, nos lois et nos mœurs ne nous
ont pas donné le droit de renier nos péres.
D'ailleurs, chez tous ces peuples, l'esclavage
était regardé comme une condition de l'hu-

manité, ce qui suffit pour les mettre hors
de la question qui nous occupe.

D'autre part, tout l'Orient n'est que barbarie ; on ne sait point d'époque où il fut
autre chose ; on n'en prévoit point où il chan-
gera d'aspect. Dans ces affligeantes contrées
la plupart des hommes ne sont qu'un peu
gradués au-dessus des autres êtres ; le despotisme et les religions y ont effacé la première empreinte de l'homme.

. La vieille Égypte , cette source de toutes
choses, ce premier modèle des sociétés humaines, l'école de la Grèce , qui enseigna
l'Italie , qui, à son tour, instruisit l'Europe ;
cette Égypte fut un chaos où la lumière et les
ténèbres se combattaient : la raison humaine
y était étouffée sous l'amas des superstitions.
Toutes les extravagances dont l'esprit de
l'homme est capable sortirent de cette terre,
d'ailleurs si féconde en merveilles.

Telle est l'histoire philosophique des anciens peuples; elle n'a qu'un trait physionomique, l'humanité entière livrée à la force, l'ignorance et la barbarie couvrant la surface de la terre. Nous ne prenons point date de l'origine des choses; nos annales ne remontent qu'aux temps de dégradation, car sans doute le juste a précédé l'injuste, comme le droit a précédé la force, et la raison l'erreur; autrement il faudrait dire que le monde a été créé pour la violence, l'injustice et la folie. Telle est donc l'histoire du monde, aussi loin que nos yeux peuvent l'entrevoir. Quelques flambeaux ont été allumés dans cette nuit si sombre et si longue; quelques rayons aperçus sur les ruines d'Athènes et de Rome ont porté leur clarté jusqu'à nous, et cette faible lueur a fait le jour qui brille aujourd'hui sur l'Europe: mais ce jour n'est pas pur; tous ceux qui en sont blessés veulent la faire rentrer dans la nuit dont à

peine elle est sortie. C'est un prodigieux travail que de dissiper des ténèbres d'une épais-
seur de trente siècles, et de rendre à la raison un empire qu'elle a perdu ; mais, encore
une fois, la lumière est séparée des ténèbres,
et le monde en est à sa seconde création.

L'Europe aujourd'hui est humaine et po-
licée, tout ce qui lui reste de barbare lui
vient de l'Orient : un seul peuple indigne
d'elle est encore à son extrémité, mais le
moment n'est plus loin où elle rejettera cette
écume. L'Europe est entrée dans une civilisation générale ; ses gouvernements peuvent
être injustes, mais aucun d'eux n'est barbare, aucun ne ressemble aux gouvernements
atroces qui les ont précédés. Les peuples et
les rois sont meilleurs ; tous doivent ce premier degré d'excellence à une plus géné-
reuse éducation, à une instruction plus pro-
fonde. L'éducation seule fait l'homme ; c'est

elle qui enfante en ce moment toutes les merveilles de la nouvelle Grèce. Mais par cela même que le cœur et l'esprit humain sont plus noblement cultivés, les besoins moraux des peuples sont agrandis; il ne leur suffit plus que les gouvernements ne soient point barbares, ils les demandent justes et généreux; il ne leur suffit plus que l'esclavage soit adouci, ils demandent une liberté fondée sur les droits et la dignité de l'homme; ce n'est plus assez que leur bonheur dépende de la bienveillance de leurs chefs, ils veulent qu'il soit fixé à des lois tutélaires moins mobiles que la volonté des rois.

L'Europe ainsi couverte d'une immense population éclairée semble n'avoir besoin d'aucun effort extraordinaire pour atteindre sa destinée sociale; elle est certaine d'y arriver par les naturels progrès de sa marche, et par le cours irrésistible des choses. C'est

l'avantage de sa situation : le danger de celle
des rois serait d'aggraver la leur par des
résistances à ce cours impérieux, et de con-
tester les droits des peuples, qui, dans la
sagesse de leurs vœux, ne demandent pas que
le bonheur des rois soit diminué, mais que
le leur soit augmenté. Malheureusement la
résistance n'est que trop réelle : malgré des
vœux si sages, si faciles à remplir, et même
si favorables à la grandeur des rois, les invocations des peuples sont repoussées ; une
puissante conjuration s'est habilement orga-
nisée contre la civilisation nouvelle, et a
conçu un plan général de rétrogradation.
Deux mondes marchent en sens contraire ;
les peuples et les gouvernements se disjoi-
gnent ; ils agissent par des intérêts opposés,
et de toute part les volontés se combattent.
Une guerre décisive est ouverte entre les
principes et les préjugés ; mais les préjugés
sont l'erreur, et les principes sont la vérité,

et la vérité n'est vaincue que quand elle manque de soutiens. Or, dans cette cause, toute
l'Europe civilisée combat pour elle.

Pendant que les préjugés dominent, ils
possèdent toute la force de la société ; les
détruire, c'est désorganiser la société qu'ils
avaient formée, mais ce n'est point la dis-
soudre, comme le publient ceux qui leur
doivent tout. Les nations ne périssent pas si
facilement ; toute révolution populaire se fait
contre un mauvais ordre de choses, en fa-
veur d'un ordre meilleur ; car si l'ordre était
bon, il n'y aurait point révolution. Une
révolution populaire, comme celle de France
ou d'Espagne, n'est point une conjuration :
tout état mal organisé a un point de maturité
qui le fait tomber. Il y a des symptômes de
crises politiques, comme il y a des symptômes de mort : le mécontentement général en
est un signe infaillible. Ce signe avait précédé

la révolution de France ; il précéda la chute
du gouvernement impérial. Dès que ce signe
est reconnu, la crise est prédite ; il n'y a
que l'heure fatale qui est incertaine. et le
moindre accident la fait sonner. Les rois
doivent prendre avis de l'opinion publique ;
elle apprend tout, et ne trompe jamais.

Les révolutions sont donc des nécessités,
on doit dire même en leur honneur qu'elles
ont leur source dans des sentiments généreux
et le désir du bien public ; comme il faut dire,
à la honte des contre-révolutions, que ce sont
les intérêts personnels qui les opèrent. Les
révolutions ne sont point combinées par les
peuples ; elles sont la faute des gouverne--
ments : les fautes de l'église romaine ont
fait l'église réformée. Tout mauvais ordre
enfante un désordre ; mais ce désordre est
une transition à un ordre meilleur : le pas-
sage est terrible, sans doute, et il coûte
cher à ceux qui le défendent, comme à ceux

qui le franchissent. C'est un intervalle rempli
de malheurs et de crimes ; et ce n'est point
sans raison qu'il a été dit qu'il n'est point de
si mauvais prince qui ne vaille mieux qu'une
révolution. Les révolutions de palais ne sont
pas si compliquées : le crime les conçoit et
les achève ; mais les révolutions populaires
sont une explosion de la colère publique :
et qui peut mettre un frein à la colère d'un
peuple ! Après le premier crime, elle ne
compte plus, elle ne s'arrête qu'assouvie ;
il est bien plus facile aux rois de les prévenir,
qu'aux peuples de les borner. Mais les fonctions royales sont une science élevée et pro-
fonde, bien au-dessus de la capacité ordinaire
des princes ; car s'il y a un vulgaire de peuples, il y a aussi un vulgaire de rois. Ils sont
d'ailleurs placés dans un faux jour ; ils ne
voient point ; ils empruntent les yeux de
ceux qui les environnent ; à travers le prisme
des courtisans, ils n'aperçoivent que des

tableaux agréables, quand tout est sinistre
un peu plus loin. Lorsqu'en 1815 le comte de
Montmorency, parti de Lyon, vint annoncer
au roi de France la défection des troupes
royales et la marche triomphante de Napoléon, le roi dormait alors, on le réveilla; le
comte de Montmorency entra, et lui dit le
nouveau malheur qui l'accablait : le roi le re-
çut mal, et refusa de le croire. Telle est l'histoire de tous les rois ; les précipices qui sont
près d'eux ne sont vus que par les peuples; les
rois dorment sur les abîmes, et ne se réveil-
lent qu'en tombant. Ce n'est point dans
l'enfoncement des palais, c'est dans le sein
de leur nation que les rois doivent faire
leur cours de politique ; la vérité ne va point
au-devant d'eux; il faut qu'ils aillent au-
devant d'elle.

Si les rois, ayant des idées plus justes du
pouvoir qui leur est confié, étudiaient les

2.

besoins et les droits des hommes aussi bien
qu'ils connaissent les leurs, ils épargneraient
bien des malheurs à l'humanité, et bien des
dangers à eux-mêmes. Mais ils ont fait leur
déclaration de droits, et ne veulent pas
que les peuples fassent la leur. Ils n'ad-
mettent point de traité entre l'obéissance et
le commandement : le droit des peuples va
jusqu'à la prière; il y aurait audace, s'il al-
lait jusqu'à la plainte ; les rois veulent bien
accorder, mais ils ne veulent rien devoir :
tout partage est bien fait, quand la part du
lion est faite.

Il faut peu s'étonner de cet étrange renver-
sement de toutes choses. Les hauts préjugés
de naissance et de droit divin dans lesquels
les rois sont élevés les placent en dehors de
l'humanité; ils croient à peine lui appartenir: délégués de Dieu, et non des peuples,
ils doivent tout à Dieu et rien aux hommes.

Ainsi, quand il leur plaît d'exercer leur bienveillance envers eux, ils ne remplissent-pas
des devoirs, ils répandent des grâces. Il n'y
n'y a point d'autre langage pour les divi-
nités.

Il faut que le cœur d'un roi soit merveilleu-
sement formé pour se vouer au bonheur des
hommes de sa propre inspiration ; les exemples en sont si rares, qu'il n'est pas même
utile de les citer. Les bienfaits et les vertus politiques des rois ne se montrent ordinairement
que dans leurs malheurs. Le malheur et les
dangers ont formé la Sainte-Alliance; les rois,
toujours ennemis, ont trouvé l'amitie dans
l'adversité. Leurs premières intentions furent
nobles et bienveillantes ; l'infortune et la
crainte les avaient inspirées : ils étaient hommes en ce moment; mais le succès dépouille
la vertu et ne lui laisse que son nom; les
rois de la Sainte-Alliance sont maintenant

bien loin de leur première pensée ; en changeant de fortune, ils ont changé de but.

Il faut le dire, quelque affligeante et quelque amère que soit cette vérité, la crainte a
plus fait pour l'avantage des peuples que la
bienveillance des rois. Les peuples ont toujours traité avec les rois comme de vain-
queurs à vaincus. Les transactions favorables obtenues par les peuples l'ont toujours
été dans leurs mécontentements : malheureusement on refuse à la plainte ce qu'on accorde
à la menace. Ainsi la raison et la justice n'ont
pu seules se faire écouter, et l'histoire nous
apprend que jusqu'ici les rois n'ont exaucé
que les prières armées (*preces armatæ*) ; mais
les peuples ne sortiraient pas de leur devoir,
si les rois n'oubliaient pas le leur : il faut dé-
plorer à la fois l'audace des peuples et l'im-
prudence des rois.

Cependant nous avons vu de nos jours la

plus noble exception de toute l'histoire des
rois. Le vertueux roi Louis XVI est venu au-
devant de ses peuples avec le plus généreux
abandon ; mais il était seul à céder à leurs
vœux. Les plus hostiles résistances partaient
d'auprès de lui, et le peuple, dans ses préjugés, ne séparant point le roi des courtisans,
a confondu, dans sa colère. le monarque et
les grands, ne pouvant se persuader qu'un
roi de France pût prendre les intérêts du
peuple contre les intérêts des grands, tant ce
phénomène était inconnu dans la puissance
absolue des rois. Mais si cette accusation fut
injuste à l'égard de ce malheureux prince,
elle n'est que trop juste à l'égard des rois
d'Europe, qui, aujourd'hui, se font un rempart de tout ce qui est grand . contre tout ce
qui ne l'est pas. La Sainte-Alliance, formée
pour la protection et l'avantage de tous . .
n'est plus que le pouvoir exécutif de l'aristocratie européenne, qui se soulève de toute

part contre l'égalité des droits. La Sainte-Alliance, en se constituant, a tenu un langage que sa conduite révoque; on sait tout ce qu'elle a promis dans l'épouvante, mais ses promesses ont été comme ces invocations dans le naufrage, qui ne durent que le temps de la tempête.

Ce vaste plan d'une ligue de puissants rois, conçu par Frédéric, exécuté par Alexandre, est hardi, habile, redoutable; mais il renferme un grand danger, c'est d'amener en imitation la ligue des peuples. La ligue des rois n'était autrefois qu'une coalition entre eux et contre eux, mais aujourd'hui c'est la coalition des rois contre les peuples, qui ne l'ignorent pas, et à qui on trace leur politique à venir. Les rois ont craint d'être surpris isolément par l'esprit de révolution; ils ont doublé leur force par l'union. Rien ne peut résister à la puissance d'une ligue animée

d'un seul et même esprit, qui se défend contre un même danger ; mais en même temps
c'est un aveu que ce danger est immense et
imminent. Les rois menacent tout, parcequ'ils craignent tout ; ils déploient plus de
forces contre un être métaphysique, l'opinion, que contre des armées conquérantes ;
ils se rangent en bataille contre des idées ;
mais, quelque garantie qu'ils trouvent dans
leur redoutable union, quelque forte que
soit la pression qu'ils font sentir aux peuples
silencieux et non abattus, tranquilles et non
soumis, que la Sainte-Alliance ne s'y trompe
pas ! la révolution poursuit son cours, et
elle le poursuit en face de ses soldats, de ses
agents et de ses prêtres. Mais ce n'est plus
la révolution armée de haches. précédée et
conduite par ses bourreaux, c'est la révolution régulière et calme, qui s'est dégagée de
sa haine et de sa violence, et qui se trouve
assez défendue par la seule force de son prin-

cipe. Elle n'est plus que l'esprit de réforme, qui prend tous les jours plus d'étendue et de conviction : c'est la connaissance du juste et de l'injuste qui saisit tous les esprits ; c'est le sentiment de la dignité de l'homme qui entre dans tous les cœurs ; c'est la raison qui veut établir son empire , et la justice qui demande à commencer son règne. Les peuples, aujourd'hui plus doux dans leurs mœurs, plus éclairés dans leurs vœux , plus réservés dans leur conduite, témoignent assez, par leur modération, qu'ils aimeraient mieux obtenir que de ravir ; mais s'ils n'obtiennent pas , qui sera coupable, s'ils ravissent? Il est donc aussi prudent qu'il est juste de les satisfaire pendant qu'ils prient, et de ne pas attendre que leurs prières deviennent des ordres, car les ordres des peuples se donnent dans les renversements. Tel est aujourd'hui l'esprit général et le sentiment politique uniforme des nations européennes, surtout de celles

qui ont passé par la trempe d'une révolution.

La justice toutefois commande de ne
point dénaturer les sentiments des rois de la
Sainte-Alliance ; il est hors de doute qu'à
l'égard des peuples leurs intentions ne soient
plus humaines ; ils consentent à ce que les
hommes soient plus heureux, mais à l'expresse
condition qu'on ne leur contestera pas le
pouvoir absolu, et que leurs bienfaits auront
le nom de faveurs, et non celui de justice ;
ils veulent bien leur accorder plus de bonheur, mais non pas plus de droits ; et, selon
le code et la conduite de l'Autriche, ils veulent que le despotisme soit supportable,
mais qu'il soit reconnu comme principe
d'état ; et c'est précisément ce bonheur de
servitude, accepté autrefois par des générations abaissées, qui est aujourd'hui rejeté
par des générations plus élevées. C'est contre

cet odieux principe que toutes les opinions généreuses sont des résistances. On ne peut nier qu'il ne soit possible de goûter un bonheur matériel sous le despotisme; mais ce qui a pu être un bienfait dans l'enfance et l'abaissement des peuples, est un outrage à l'homme civilisé, éclairé sur ses droits. ennobli par la pensée, et qui s'indigne de retourner à l'humiliation de ses pères.

Les peuples savent que les gouvernants et les gouvernés ont des droits respectifs : c'est justement qu'ils prétendent qu'ils soient réglés et observés, et que chacun soit circonscrit dans ses devoirs par une loi consentie et fixe, qui protège aussi puissamment les intérêts des rois que les intérêts des peuples. Les rois ne sont plus des idoles que dans leurs cours ; hors de là, ils sont les premiers d'entre les hommes ; ils sont les chefs et non

les maîtres du monde. C'est un assez beau
titre sans doute que celui de chefs de nations grandes et civilisées, mais il comprend
des devoirs dont semble dispenser le nom de
maîtres. Les rois craignent d'entrer en com-
munication avec les peuples ; ils se défient
des nouvelles relations que la force des
choses doit établir entre eux; ils ont peine à
rentrer dans l'humanité dont ils étaient sor-
tis ; mais qu'ils soient plus confiants ! leurs
destins n'en seront pas moins beaux; ils peuvent porter aussi loin qu'ils le veulent l'a-
mour et la vénération des peuples : il leur
suffit d'être les meilleurs comme ils sont les
premiers des hommes; il leur suffit de re-
descendre vers eux, de les avoir pour amis,
et non plus pour esclaves. Mais tel est l'égare-
ment de l'orgueil, que les rois préfèrent l'en-
cens aux bénédictions, et qu'ils aiment mieux
être adorés comme étant d'une nature dif-
férente que comme étant d'une nature meil-

leure ; illusion bien vaine, dans un temps qui les détruit toutes. Les jours d'idolâtrie sont passés ; les apothéoses sont de la fable; on ne place plus les rois dans les constellations. Les rois ont mieux à faire que d'être des idoles ; il doit leur être plus glorieux et plus doux d'être chéris et révérés par des peuples raisonnables, que d'être adorés par des peuples stupides qui brisent leurs idoles avec le même aveuglement qu'ils les encensent.

En analysant tout l'esprit révolutionnaire de l'Europe, on ne trouve au fond de l'analyse qu'un seul vœu, comme un seul principe, l'égalité des droits. Il en est la base et le but; c'est vers ce point unique que se dirige tout le mouvement européen. Or, cette égalité des droits, qu'est-elle autre chose que la justice distributive qui comprend toute morale, toute vertu, et tout devoir; et sans cette justice. que peut-on

louer parmi les hommes? Par quelle étrange
aberration. par quelle fatale perversité du
cœur humain, arrive-t-il qu'un principe si
vrai, si obligé, si inhérent à la nature humaine, soit nié et combattu par les rois, par
les grands, par les prêtres : par les rois, qui
sont spécialement dépositaires et distribu-
teurs de toute justice ; par les grands, qui
ne doivent leur élévation qu'à cette même
justice qui a récompensé les vertus de leurs
pères ; par les prêtres, qui ont reçu de leur
fondateur l'ordre exprès de la prêcher et
de l'établir?

Tel est le spectacle affligeant que présente
l'Europe. Si on jette les yeux sur ses popu-
lations tourmentées, on les voit partagées
en deux grands partis, dont l'un, infiniment
supérieur en nombre, en mérite, en lumières, réclame l'application rigoureuse de ce
principe; et l'autre, de beaucoup inférieur en

nombre et en tout autre avantage, le repousse de tous ses efforts et de tout le pouvoir qui est encore en ses mains; sans que l'on puisse prévoir quand finira ce combat du juste et de l'injuste, du droit et de la force, du privilége et de l'égalité.

Les rois considèrent comme droits les abus de la force, maintenus par elle pendant un long temps ; les peuples prétendent que le temps ne prescrit point contre eux, et nient la légitimité de la force. Voilà la cause contradictoire qui arme les sociétés contre les gouvernements, et les gouvernements contre les sociétés. Si la force ne donnait de l'importance aux prétentions des rois, elles seraient réduites à l'absurde. Aussi n'est-ce pas une question qu'ils soutiennent, mais qu'ils tranchent. Les conclusions de l'épée sont sans réplique : la force ne fait pas le droit, mais elle établit le fait, et le fait

est toute la logique de la force. Quand on
reprochait à Louis XIV ses actes d'autorité
arbitraire, les exils, les emprisonnements,
les jugements sans formes, il répondait :
*Ce que je fais, on l'a fait avant moi; on en
a toujours usé ainsi.* Voilà le droit placé dans
l'abus et dans la longueur de l'abus.

C'est pour recouvrer des droits perdus ou
envahis que la moitié de l'Europe s'est soule-
vée contre ses gouvernements. Malheureusement, les révolutions, excusables dans leur
but, le sont rarement dans leurs moyens. La
violence des moyens a fait accuser la révolution française, qui a succombé sous l'accusation : mais l'esprit de la révolution survit à
elle-même; son action est éteinte, mais son
principe est plein de vie, et ce principe n'é-
tait autre que l'égalité des droits. Il peut être
comprimé pendant quelque temps, il l'est
même en ce moment; mais il a trop de ressort

pour ne pas faire céder les mains qui le compriment. Depuis trois ans le ministère de France poursuit l'esprit constitutionnel avec un acharnement incroyable ; il a employé, pour l'anéantir, toutes les forces créées, et les moyens les plus odieux, comme les plus violents, ne s'arrêtant qu'à l'échafaud. C'est montrer de la prudence dans la persécution, car la contre-révolution ne peut pas se cimenter par le sang, comme la révolution; elle aurait manqué son but, et en le manquant, elle aurait rappelé une révolution plus complète et plus décisive que la première. La réaction contre-révolutionnaire a été aussi cruelle qu'elle a pu l'être pour l'époque où elle a eu son cours : le temps ne permettait pas plus ; la modération a été commandée par la résistance des choses. La cruauté ministérielle s'est donc bornée à faire couler des larmes ; mais quel triomphe a-t-elle obtenu? Elle a voulu étouffer l'esprit constitu-

tionnel , et l'a universalisé. La nation n'a accepté aucun de ses actes ; elle les a subis en
les réprouvant, et les larmes de ses victimes
ont été une semence, comme le sang des
martyrs. L'opposition a été générale et mani-
feste ; elle est dans la nation entière ; elle
est dans les corps constitués; elle rompt ses
digues de toute part. L'opposition fortuite de
la chambre des pairs en a produit une raison-
née dans la magistrature, ce noble refuge des
libertés publiques, qui étaient perdues peut-
être, sans l'appui de sa force et de son
immense considération. Elle est la seule
barrière qui n'est pas encore renversée ; elle
seule a mis un frein aux fureurs d'un parti
qui n'en veut point. Quand ce parti, qui prend
le nom de royaliste, était vaincu, on lui
supposait des vertus et de l'honneur : il en
portait le masque ; mais dès qu'il fut vain-
queur, il ne montra plus que fraude, bassesse, avidité, corruption. Ainsi le temps de

sa défaite fut celui de sa gloire, et le temps
de son triomphe a été celui de sa honte.

Il règne en France une longue terreur im-
primée par le gouvernement de Napoléon,
que le gouvernement royal eût été par lui-
même incapable de produire, mais dont les
ministres ont tiré un premier avantage. La
France, courbée si long-temps sous un joug
de fer, est encore dans la même attitude : il
lui faut quelque temps pour se relever. Les
ministres, comme ces affranchis de Rome
qui voulaient gouverner à la manière des
empereurs, ont voulu commander le silence et l'obéissance, qu'ils observaient eux-
mêmes sous l'empire. Mais les grandes actions de Napoléon avaient rendu sa tyrannie imposante, et le mépris fit bientôt justice
de la tyrannie du plus obscur triumvirat.
Flétri par l'opinion publique, miné par tous
les partis, repoussé des gens de bien, pour

se soutenir sur ses propres ruines , il a de-
mandé du secours aux hommes serviles , aux
délateurs, aux consciences vénales, et il s'est
fait un corps ministériel de tous ces éléments
impurs. C'est ainsi qu'au milieu du murmure
universel, il a offert le spectacle et le scan-
dale d'un gouvernement qui a établi son
système et son action sur la bassesse et la
corruption des hommes. Les fatales conséquences de cette déplorable politique ont été
de compromettre la dignité royale, la sûreté
même du trône, et l'honneur de la nation
française, que l'on croyait en Europe volon-
tairement livrée à la corruption ministérielle ;
la plus grande offense qu'on pouvait lui faire
était qu'on la jugeât digne de ses ministres.

Il est trop vrai pourtant que la France a
perdu beaucoup de sa considération aux
yeux de l'Europe. Tenue dans l'abaissement
par les hommes les plus médiocres , qui ont

pu la gouverner impunément par la puissance de la terreur et de la corruption, elle
se trouve précipitée de cette hauteur où elle
s'était élevée, lorsque l'Europe la contem-
plait si noble dans les dangers, si glorieuse
dans les combats, si magnanime dans les
revers.

D'ailleurs, la France n'a plus de rang dans
l'Europe, car c'est n'en plus avoir que d'être
tombée au troisième rang des puissances
continentales; elle doit cette dégradation à
ceux qui, chargés du soin de sa gloire, ont fait
consister la leur à comprimer sa force et son
génie. Le parti aristocratique, dont ils sont
les chefs, met sa seule application à détruire
le parti constitutionnel : c'est une affaire domestique qui le rend indifférent à tout ce qui
se passe au dehors. C'est dans ce but qu'ont
été employés en Espagne les armées et les tré-
sors de France; les ennemis de sa gloire ont

consenti à abaisser toutes les grandeurs de cette France, pourvu que les rois à qui elles sont livrées les aidassent à dompter les rivaux de l'aristocratie. Le noble duc de Richelieu avait menacé la Sainte-Alliance de faire un appel à la France contre elle : ses successeurs ont fait un appel à la Sainte-Alliance contre la France. Jamais politique ne fut plus favorable à la grandeur des rois d'Europe, surtout à celle de l'Angleterre, qui devrait employer toutes les subtilités diplomatiques pour le maintien d'un ministère conjuré contre l'essor et' le génie du seul peuple dont elle appréhende l'élan et la rivalité. Quel triomphe pour cette nation justement orgueilleuse de voir ce grand peuple français, qui a rempli l'univers d'épouvante et de gloire, traité aujourd'hui comme un peuple vaincu, lui qui était hier le maître du monde ; de voir cette même France aux ordres des rois coalisés, et n'ayant plus d'é-

pée à jeter dans la balance de l'Europe !
Pendant ce temps de honte, l'Angleterre
poursuit son vol d'aigle, et tandis qu'elle
porte les lumières et la civilisation jusqu'aux
extrémités de la terre, elle contemple avec
joie l'émule de sa gloire et de son génie se
débattant sous la main de ses obscurs vain-
queurs, qui d'un commun accord s'efforcent
et se vantent de la faire rentrer dans l'ignorance et le ridicule des derniers siècles. C'est
ouvrir un vaste champ à la réflexion, que
d'offrir la comparaison de la France avec
elle-même dans l'espace de trente ans.

Le nouveau règne apportera-t-il à la
France de nouvelles destinées ? Le temps ré-
pondra à cette question, et déjà même il a
commencé sa réponse. Les nations sont si
pleines d'espérances et de désirs, que la seule
apparence d'un règne populaire fait éclater
leur amour : leur reconnaissance se montre

avant le bienfait ; un pouvoir revêtu de formes plus douces leur semble un pouvoir qui
se détend. Quel règne n'a pas eu ses premiers beaux jours? Mais le début d'un règne
ne présage rien pour son cours. C'est le premier élan d'un cœur royal ; mais quand de
mauvais ministres sont placés entre un peuple et son roi , ils séparent la chaîne qui doit
les unir , et rendent stériles la volonté du roi
et l'espérance du peuple.

La bonté d'un roi devrait être un grand
présent fait aux hommes; mais la bonté d'un
roi s'exerce autour de lui : c'est un bonheur
pour ceux qui l'environnent ; mais les peuples , qui en sont éloignés , sont livrés à la
volonté de ses ministres. Louis XIII était bon:
cela a-t-il empêché les sanglantes condamna-
tions de son règne? Louis XIV était bon : cela
a-t-il empêché le supplice et la proscription
de quatre millions de protestants ? Louis XVI

était bon : sa bonté a-t-elle détourné tous les malheurs de son règne? Charles X est bon : sa bonté l'emportera-t-elle sur l'esprit d'iniquité qui l'environne ? N'est-ce point toujours par la raison d'état qu'on parvient à dénaturer le cœur et les actions des rois? Le nouveau règne a été signalé par un bienfait immense, la liberté de la presse, qui est aujourd'hui sans danger pour les rois ; mais, d'autre part, c'est l'administration qui fait l'état, et l'administration est et restera la même. C'est le même plan d'asservissement et de corruption ; c'est la même conjuration d'un parti contre la nation entière; et la France se trouve condamnée au même joug et à la même humiliation.

Cet état d'abaissement semble rehausser encore les grandeurs de l'Angleterre, qui est le seul état monarchique où l'homme ait de la dignité. Ce pays est comme le tabernacle

où sont déposées les tables de la loi des
hommes en société. L'Angleterre, par le seul
fait de son existence constitutionnelle ,
pèse de tout son poids dans les destinées de
l'Europe. En conservant les principes et en
les proclamant du haut de sa tribune élo-
quente, elle les enseigne aux autres peuples,
les éclaire et les dirige par la toute-puissance de la parole et l'ascendant de son
exemple. Tant que sa voix retentira dans le
monde, il n'y a point de tyrannie durable en
Europe ; elle exerce une puissance morale
immense dont la force est incalculable, et
qui, à une époque assignée, fera triompher
la raison universelle de toutes les superstitions
politiques et religieuses. Il est de son intérêt
patriotique de ne point avancer cette époque,
si elle n'y voit point de danger; car y étant arrivée pour elle-même, elle a conquis sur tous
les autres peuples une supériorité qui est la
source de sa gloire et de ses richesses. La po-

litique de l'Angleterre, parvenue à sa majo-
rité, est de laisser maintenir les autres peuples dans leur minorité; elle ne fera aucun
effort pour les faire sortir de leur tutelle; elle
ne les aide que de son exemple, mais cet
exemple est fécond en merveilles : la France,
l'Espagne, l'Italie, l'Allemagne, toute l'A-
mérique, ont déjà porté les fruits de ses le-
çons.

Cependant, si l'Angleterre voyait ses libertés menacées par la conjuration des rois,
elle donnerait à sa politique une direction
plus prononcée; et, comme elle tient le levier
qui peut remuer le monde, elle le soulève-
rait en un instant; en faisant un appel à
toutes les idées constitutionnelles de l'Europe, qui en est pénétrée, elle ferait surgir des
armées auxiliaires de tous les points, et comme
d'une part elle a déjà justifié ce mot de l'ancienne Rome : *Qui est maître de la mer l'est*

de la terre, elle joindrait la puissance morale
à la force réelle, et ferait sortir des prodiges
de ces deux puissances réunies. Le commandement des rois ne remue que la surface des
nations, mais le cri de la liberté en remue
le fond. Il ne faut pas que les rois aient l'im-
prudence de l'inquieter ; elle n'a que ce cri à
jeter dans l'Europe qui l'écoute, c'est son
ultima ratio; que les rois y prennent garde !

L'Angleterre porte ombrage aux états des-
potiques ; elle s'est noblement exclue de cette
assemblée souveraine où l'on discutait comment on peut augmenter le bonheur des
peuples, sans leur ôter leurs chaînes. Elle
n'a point voulu entrer dans un conseil de
rois où les droits des hommes étaient mis
hors de question. Il n'est point de haut fait
qui puisse égaler en gloire cette action né-
gative ; elle lui assure la reconnaissance et
l'admiration des générations futures, qui se

connaîtront mieux que nous en sentiments
généreux et en grandes choses.

L'Angleterre n'a rien à redouter ni du
cours des événements, ni des projets des
rois. Tout ce qui est en dehors d'elle peut
l'obliger à des précautions, et non lui ap-
porter un dommage réel ; mais elle renferme des dangers dans son propre sein. Elle
a chez elle une église romaine secrètement
ennemie de son gouvernement, et une
partie de son aristocratie qui a bien de
l'affinité avec l'aristocratie des monarchies
européennes, si redoutable aux libertés publiques. Elle peut juger, par ce qui a déjà
été retranché des siennes, ce qu'on peut encore lui en faire perdre. C'est dans son sein
qu'elle doit porter ses regards ; ce sont ses
ennemis cachés qu'elle doit surveiller : les
rois ne peuvent l'attaquer que par cette arme
domestique ; mais cette arme est mortelle ;

qu'elle jette la vue sur les dangers de la
France et les plaies de l'Espagne ! Un second
Walpole la perdrait ; et si son exemple pé-
rissait, qui peut dire ce que deviendrait l'Europe. Les rois regardent l'Angleterre comme
la source de toutes les libertés , dont le désir
s'infiltre dans leurs états par toutes les issues;
et il ne faut pas douter qu'ils ne se soient
occupés des moyens de dessécher cette
source ; déjà même ils considèrent comme
un élément de despotisme son armée agran-
die et permanente , qui , comme toutes les
armées, donne de si vives alarmes à la liberté
ombrageuse. Mais l'Angleterre est trop éclairée pour se croire exceptée de la conjuration
des rois, et peut-être est-elle voisine du moment fatal où , pour son propre salut , elle
doit arborer l'étendard constitutionnel sur
tous les rivages du continent.

Dans de si graves conjonctures , la Russie

voudrait en vain lui disputer sa prééminence et arrêter son ascendant. En vain elle voudrait balancer par des forces brutes toutes les forces morales que l'Angleterre renferme en son sein, et qu'elle ferait sortir du milieu de tous les peuples. Ce colossal empire, tout déployé qu'il est sur l'Europe, serait obligé de se replier sur lui-même devant un colosse plus grand que lui: mais tandis que la Russie n'est point encore en présence de ces grands évènements, elle se met en puissance de les dominer, quels qu'ils puissent être. Elle exerce un pouvoir suprême sur le continent ; elle a recueilli l'héritage de Napoléon. Ses ordres traversent l'Europe et la remplissent, et ils sont de même poids à Paris qu'à Pétersbourg. Elle ne les donne pas dans un langage altier ; elle défend l'orgueil à ses ambassadeurs ; elle ne menace point, ne fait point d'appel à ses armées ; on l'entend à peine ; on ne voit d'elle que le mouvement de tête de Jupiter.

Sous les formes les plus civilisées, elle enseigne la soumission orientale, et par un
mélange de politique, de mœurs européennes
et asiatiques, elle donne à tout une physio-
nomie nouvelle.

On ne peut envisager la Russie sans alarmes et sans surprise. Il y a quelques années,
l'Europe l'apercevait à peine; elle est comme
un nouveau monde découvert. Il semble
que ses armées gigantesques soient sorties
des nuées du septentrion. On a vu de nos
jours l'empereur de Russie signer un traité
de paix à Paris avec le roi de France, en
même temps qu'il signait un traité de limites
avec l'empereur de la Chine ; grandeur sans
mesure qui porte avec elle son admiration
et son effroi, qui égale en puissance et presque en majesté Rome des consuls et Rome
des Césars. Le temps n'est pas encore bien
oin où le premier vœu de l'ambition de ses

empereurs était la possession de la Turquie,
et le titre d'empereurs de la Grèce; mais ses
destinées se sont portées si haut depuis la
chute de l'empire français que cette conquête
lui paraît être aussi indifférente que facile.
Elle a bien mieux à faire sans doute que d'a-
jouter à son empire une lisière de l'Europe :
elle préside les conseils des rois, elle fait
mouvoir leur sceptre au gré du sien ; l'Europe continentale ne connaît qu'une volonté,
c'est la sienne ; tout le reste n'a que des
vœux à faire. La Russie a atteint la puissance
de Rome, et elle en prend la politique;
comme elle, elle intervient dans les querelles des rois et des peuples ; comme elle,
on la prend pour arbitre; comme elle, maintenant la paix entre eux, elle la conseille ou
la commande; et comme Rome enfin, elle
garde sur tous la souveraine puissance. Que
font à la Russie les querelles intestines de la
France, et le parti insensé qu'elle protège? Elle

a aussi protégé le parti contraire. Que lui importe ! De long-temps l'arbre de la liberté ne prendra racine dans son empire ; c'est une terre qui n'est point défrichée : mais elle se sert de ces deux leviers pour établir, au sein même de la France, sa puissance et son nom.

La Russie se trouve dans les circonstances les plus favorables à son agrandissement. Non seulement le déploiement de ses immenses forces ne paraît point porter ombrage aux rois, mais les rois qui se croient menacés par l'opinion et la force populaire l'invoquent contre ce danger. Uniquement occupés du soin de leur conservation, ils le sont moins de la dignité de leurs couronnes. Ils se rangent sous l'abri d'un pouvoir contre lequel autrefois ils auraient soulevé toutes les jalousies de l'Europe. Louis XIV et Charles-Quint n'ont pas eu la stature d'un empereur de Russie, et pour les abaisser, l'orgueil

4.

blessé des rois a répandu le sang de vingt peuples. Mais la Russie, favorisée par cette frayeur qui les saisit et qui ne peut l'atteindre, trouve sa sûreté dans leur péril. En les prenant sous sa protection, elle les met sous sa puissance; elle remplit leur but et le sien; elle maintient les peuples dans la dépendance de leurs rois, et range les rois sous la sienne. Ainsi les rois ont le sort de leurs peuples. Tous obéissent, et il n'y a qu'un seul commandement. Les rois préfèrent leur servitude à la liberté de leurs peuples. Ils se sont livrés eux-mêmes pour se venger de leurs entreprises; c'est ainsi qu'ils sont tombés dans la fable du cheval qui demande du secours à l'homme.

Mais il faut rendre hommage au caractère de l'empereur Alexandre. On ne peut faire un usage plus modéré de la force et d'un pouvoir qui peut tout; et quoique la philosophie

ait avec justice retiré ses applaudissements à
ce prince qui est passé dans les rangs du parti
qui la combat, il est juste aussi de reconnaître
qu'il use avec une sagesse digne d'admiration d'une toute-puissance dont la plupart
des rois ne manqueraient pas d'abuser. C'est
le vrai caractère de la magnanimité ; mais
cette magnanimité est la vertu d'un seul
homme, et l'homme a son terme. L'empereur n'est pas l'empire . et c'est l'empire
qui menace. Le présent est dans les mains
d'Alexandre , mais l'avenir est à ses successeurs. Ainsi demain un successeur d'Alexandre peut jeter sur l'Europe quinze cent mille
combattants, et y fonder un empire sur le
modèle des empires d'Orient. Telle serait l'i-
névitable destinée de l'Europe , si ses peuples
moins civilisés pouvaient rentrer dans l'esprit
de servitude et d'abaissement tant souhaité
par le clergé romain et l'aristocratie de
France.

Les cabinets de Prusse et d'Autriche dissi-
mulent en ce moment leur secrète inquiétude
d'être les premiers en contact avec ce formi-
dable empire ; d'ailleurs , leur effroi des constitutions affaiblit ces alarmes et leur adoucit
ces dangers éloignés. Cet effroi est tel , qu'ils
ne repousseraient pas des conditions encore
plus dures , pour échapper à la contagion
constitutionnelle.

Au reste, les rois n'ont point à s'occuper
des menaces et des complications de l'avenir.
La politique européenne est simplifiée, et son
esprit est changé. Dans les desseins de l'ancienne politique , les peuples n'étaient que
des moyens; aujourd'hui ils sont le but même
de la nouvelle politique. Les rois n'ont plus
d'affaires entre eux , ils n'en ont plus qu'avec
leurs peuples. Comme il n'y a qu'un danger,
il n'y a qu'une défense. Tout est devenu commun entre les rois, comme tout l'est entre

les peuples. Le pouvoir absolu est en présence du pouvoir constitutionnel. Il n'y a que deux maximes politiques en Europe, la victoire n'en laissera qu'une.

Cependant, avant l'issue du combat, il faut rassurer les souverains alarmés ; l'esprit constitutionnel n'est pas l'esprit républicain. Un examen approfondi de l'opinion publique prouve que jamais les peuples européens n'ont été moins ennemis des rois. C'est bien imprudemment que des écrivains superficiels ont avancé que l'esprit républicain était l'esprit du siècle ; cela n'est vrai que pour l'Amérique, qui en rien ne ressemble à l'Europe. L'esprit du siècle est contre l'aristocratie, et non contre la royauté. C'est dans les quinzième et seizième siècles que l'esprit républicain était menaçant, et mettait en danger toutes les têtes couronnées. Il n'est point d'état à cette époque qui n'ait fait des efforts

pour se constituer en république, et plusieurs
y ont réussi.. Les révolutions d'Angleterre ,
de Hollande, de Suisse, de Gênes, de Naples,
de Genève ; les tentatives de l'Espagne ; les
révoltes de l'Italie, des états d'Allemagne, de
Belgique ; les guerres civiles de France ; les
projets des réformés; les complots de la ligue;
tout atteste à quel point l'Europe était tour-
mentée et emportée par l'esprit républicain.

.. De nos jours la France a été république ;
mais ses fondateurs , n'étant secondés ni par
l'éducation ni par l'opinion républicaines ,
l'établirent par la force et le crime. Cette république n'ayant point sa base dans l'esprit
de la France , n'eut que la durée de la violence qui l'avait fondée. Ce fut le rêve de
quelques hommes qui voulurent faire par les
lois ce qu'on ne peut faire que par les mœurs.
La France a donc été république, sans être
républicaine. Elle n'eut qu'un nom , et ne

dura qu'un jour. Cet essai prouve la faiblesse
des lois et la puissance des mœurs. On peut
les changer et non leur résister ; mais les lois
violentes ne durent jamais assez pour changer les mœurs ; il n'appartient qu'aux lois
justes et humaines de s'enraciner dans le
temps et de produire des mœurs nouvelles.

Si, à cette époque, l'esprit républicain
commençait à germer en Europe, il aura re-
culé devant les malheurs et les crimes de la
France : il s'est éteint dans le sang qui inonda
cette république. A l'aspect de tant de forfaits, la royauté ne parut plus coupable; elle
se réconcilia avec les peuples, et maintenant,
au prix de justes concessions, elle peut se
regarder comme affermie : les évènements les
plus proches de nous en ont établi la preuve.
Dans les dernières révolutions de Naples, de
Piémont, d'Espagne, de Portugal, non seulement le principe de la royauté n'a point

péri , mais celui même de la légitimité a été
conservé. Les peuples n'ont point fait ces révolutions pour faire la conquête de leurs rois,
mais pour conquérir un ordre constitutionnel.
Il ne faut donner ni prendre le change ; les
choses doivent être présentées dans leur jour :
la guerre se fait contre l'aristocratie , et non
contre la royauté ; et si quelque part elle attaque la royauté, c'est qu'elle veut être absolue , ou qu'elle arme l'aristocratie contre
les droits des peuples. Et, pour ne rien laisser
de douteux dans cette grande question , qui
comprend tous les intérêts de l'Europe , il
faut encore ajouter que la révolte de l'opinion
n'est point contre l'aristocratie proprement
dite , mais contre l'aristocratie de privilège ,
incompatible avec la civilisation actuelle ,
devenue insupportable aux classes éclairées
de la société , trop élevées aujourd'hui par
leur fortune , leur éducation et leurs mœurs,
pour subir des supériorités humiliantes et non

méritées, et pour perpétuer au milieu d'elles
un préjugé mal défendu par les lois, repoussé
par les mœurs, qui, s'il n'est détruit par
l'autorité, le sera infailliblement par la raison publique.

C'est là la plaie véritable des corps politiques; c'est là le malaise qui travaille la société. Elle rejette une aristocratie qui est
trop loin et trop séparée de son principe; elle
en demande une plus juste et plus nouvelle,
pour qu'elle soit plus pure et qu'elle en voie
la source. Elle ne peut plus se contenter du
vain fantôme de la vertu et du mérite : elle
veut honorer la vertu même et le mérite réel.
La naissance seule lui paraît un mensonge; elle
ne peut concevoir qu'au mépris de tout ce mérite vivant dont elle abonde, on préfère le sou-
venir suspect d'une vertu éteinte et d'un mérite
qui n'a pas été transmis. Ce n'est pas qu'elle
prétende détruire la dignité des noms, mais

elle veut qu'elle soit justifiée par ceux qui les portent ; elle veut que leur éclat passé revive dans une vertu actuelle; mais elle s'indigne qu'on livre aux noms seuls les rangs, les fonctions, les honneurs, les richesses et tous les avantages de l'état.

De toutes les institutions politiques, l'aristocratie de naissance est sans contredit la plus funeste à la vertu, au génie et à l'agrandissement des peuples : c'est un examen qu'il faut faire sans aucune prévention ; il serait odieux d'en mettre dans une question si grave. Comme cette aristocratie veut renfermer en elle seule toute la considération et toutes les capacités de l'état, il s'ensuit que les immenses majorités nationales sont condamnées à l'inaction et à la vie matérielle ; tous les germes y sont étouffés, tous les ressorts comprimés; et les chefs des états se privent ainsi de toutes les merveilles qui sorti-

raient des peuples ennoblis qui auraient fran-
chi les limites étroites où ils sont circonscrits.

L'expérience ne manque point à ce raison-
nement. Quel éclat brille aujourd'hui 'sur
l'Italie, l'Espagne, l'Allemagne, la France
même, depuis que sa carrière est fermée? Ce
sont les contrées où domine le plus l'aristocratie de naissance. A côté de ces états sta-
tionnaires ou rétrogrades, que l'on considère
la marche, la grandeur, l'immense et rapide
développement de la Russie, depuis que
l'empereur Fodor y a détruit l'aristocratie de
naissance ! On peut dire que, par cette seule
action, il a jeté les fondements de la plus
ferme et de la plus considérable puissance.
Voilà comme d'une grande idée il .sort un
grand empire ; voilà comme, une action 'gé-
néreuse et hardie fait toute une nation noble : là, les hommes sont ce qu'ils méritent
d'être ; là , on peut espérer en ses ver-

tus, en ses talents, en ses lumières : avantages inutiles ou nuisibles dans les pays de
priviléges; là, le mérite fait les ambassadeurs, les généraux et les ministres. Tel
ambassadeur d'un empereur de Russie ne
pourrait l'être d'un roi de France. Sur cette
terre de l'orgueil, il n'est point de haut rang
pour une basse origine. La Russie se fait re-
présenter par des hommes, et la France par
des noms. En France, les maximes de cour
l'emportent sur les maximes d'état, ou,
pour mieux dire, la cour c'est l'état. On ne
le voit que trop par toutes les médiocrités
qui en sortent; et qu'en peut-il sortir autre
chose ? L'esprit suit le cœur, et, comme lui,
se flétrit et s'éteint dans la domesticité royale:
toutes les hauteurs se nivellent en entrant
à la cour; et tel homme qui se laisse écraser
par un titre de palais, serait un colosse, s'il
se plaçait en dehors. Louis XIV le savait
bien : il l'avait appris du cardinal de Riche-

lieu ; il abaissa les grands en les plaçant à
ses côtés et en les prenant à ses gages.

Mais il faut citer la France même à l'appui
d'une vérité si haute ; cette terre n'a-t-elle pas
été couverte de prodiges, pendant le peu de
temps que l'aristocratie de naissance y a été
détruite ? En les séparant des crimes de la
révolution, les grandes choses et les grands
hommes n'ont-ils pas jailli de tous les lieux
comme de tous les rangs ? L'Europe n'a-t-elle
pas été subjuguée par son génie, comme par
sa valeur? En offrant l'égalité de la gloire et des
honneurs à tous les mérites, la France n'a-
t-elle pas fait sortir l'héroïsme de tous les
cœurs et le génie de toutes les têtes? Quelle
fécondité d'hommes et de choses se trouverait sous la main d'un grand roi qui saurait
chercher toutes les sources, et toucher tous
les ressorts! Il y a bien de la profondeur
dans ce mot de Frédéric : « Quand on le

veut, disait-il, les hommes deviennent des
aigles. »

Mais qu'attendre aujourd'hui de la France
replacée sous l'influence du clergé de Rome et
des hommes de cour ; elle est rentrée dans ses
destinées vulgaires ; quel sublime effort peut
lui être inspiré par les prêtres de Rome, qui
disent qu'il ne faut qu'un livre sur la terre,
comme le calife Omar le disait de l'Alcoran ;
et par les hommes de cour, qui regardent les
travaux du génie comme la tâche de la roture !

C'est une vérité que l'on ne peut procla-
mer assez haut, l'aristocratie de naissance,
par sa prééminence exclusive, condamne
les peuples au néant, éteint la vertu dans
son germe, arrête l'essor du génie, dessèche
les sources de l'état, borne les facultés des
peuples et les moyens des rois. On l'a dit à
Louis XIV : il faut que cette vérité ait bien
de la force pour être apparue sous ce règne

oriental, et à l'époque où les préjugés ont eu le plus de puissance et le plus d'éclat.

L'aristocratie privilégiée n'est donc point dans l'intérêt des rois , puisqu'elle est si funeste aux progrès des nations : c'est une vérité établie; mais il en est une autre qui la rend inutile , c'est que les rois redoutent les progrès des nations, en haine de l'esprit de liberté nécessaire à leur développement. Ils re-doutent cette grandeur où la liberté les élève ; il leur semble que l'honneur rendu aux hom-mes est une atteinte à leur dignité. Ils veu-lent que toute la majesté d'un empire ne soit que sur un seul front; tout ce que les peuples acquièrent, ils le calculent en perte pour eux. Mais , c'est que les rois jugent mal le nouvel essor des peuples; c'est qu'ils ignorent de quel amour ils seraient capables, s'ils voyaient en eux les premiers défenseurs de leurs droits: c'est une expérience à faire, les rois de France

surtout peuvent la faire sans danger. Le plus
adoré de leur race fut un roi populaire ; les
Français ont craint ou admiré les autres , mais
c'est le seul qu'ils ont vraiment aimé ; il faut
juger par lui quels rois conviennent à la
France , et quels rois elle désire.

Les rois contemporains , n'étant pas nés
dans des temps de loi écrite et de liberté ré-
gnante, héritiers du pouvoir absolu , qui est
un legs de la force, ne cherchent point les
choses dans leur principe , mais seulement
dans l'état où ils les surprennent. Cela est
bien pour les rois ; mais les peuples , qui ont
leur refuge dans le principe des choses , le
font valoir contre l'abus, aussitôt qu'ils le
peuvent. Les rois naissent, et trouvent des
peuples sous le joug, et ils prennent la servitude pour un état fixe: à leurs yeux, ce qui
est doit être. Un désordre organisé est pour
eux l'ordre immuable. Ainsi les rois , regar-

dant la servitude comme une nature de choses, et leur pouvoir comme un principe, trai-
tent de rebelles et d'ennemis les peuples qui
redemandent les droits dont la force les a
dépouillés. Le préjugé va si loin à cet égard,
que le cabinet d'Autriche, dans tous ses fac-
tums politiques, appelle les peuples obéis-
sants, les peuples civilisés : il est bien digne
de ce cabinet de ne reconnaître la civilisation
qu'à l'obéissance. C'est la civilisation de l'O-
rient ; c'est la seule qui lui convienne.

L'Autriche est la vraie terre du despotisme.
La justice de ce gouvernement consiste à le
rendre supportable. Le principe y est adouci
par son action, mais il y règne dans toute
son étendue. Un empereur d'Autriche ne conçoit pas autre chose ; hors du despotisme,
tout lui semble hérésie et sophisme : aussi,
dans la coalition des rois contre les peuples,
l'Autriche est-elle la plus active et la plus

intolérante. La politique de Charles-Quint y
est aussi vivante que de son temps ; l'usage
n'en est différent que selon la différence des
conjonctures. Le pouvoir impérial regarde
toute indépendance comme une hostilité.
Celle des états d'Allemagne lui est insupportable : il est aussi constamment occupé de sa
ruine, que Rome l'était de celle de Carthage ;
mais la patience dans la haine est le fond
de sa politique ; elle n'accorde rien à la passion, pour ne rien livrer au hasard. La pensée de l'Autriche se découvre malaisément
par les actions apparentes ; c'est assurément
la politique la plus détournée de toutes celles
des cabinets ; elle se complique de to   les
rouages de la politique italienne : mais si ses
ressorts sont mystérieux, son but est souvent
visible. Les états d'Allemagne ne doivent point
perdre de vue que l'Autriche est en conjuration permanente contre leur indépendance, et qu'elle mettra deux siècles à la

détruire, s'il en est besoin. Le temps ne fait rien au gouvernement d'Autriche ; ne changeant ni de but, ni de maxime, en changeant d'empereur, elle met ses succès dans la permanence et l'unité de ses vues. Quand un but est marqué, il faut qu'elle y arrive par voie juste ou injuste : il n'y a ni crimes ni vertus dans la politique d'Autriche, il n'y a que des moyens. Sa conduite envers les Grecs est un grand trait de son caractère.

Il faut dire à sa louange que, si son gouvernement est despotique, il n'est point tyrannique ; il ne l'est pas du moins pour ses sujets naturels : mais ses provinces acquises sont traitées comme provinces conquises. Chez elle, elle gouverne avec le sceptre, ailleurs avec le glaive. L'Autriche est sous des lois, l'Italie sous un joug.

L'Autriche est tout-à-fait dans le triomphe

de sa politique, quand elle peut établir la
force quelque part : chez elle plus qu'ailleurs
c'est le principe de toutes choses. Elle-même
en accepte les conséquences avec une rési-
gnation remarquable qui tient à ce principe;
tous ses hommages sont à la force. Le der-
nier exemple qu'elle en a donné a été sa
conduite envers Napoléon. Nulle puissance
ne soutient mieux les revers : devant elle la
force n'est jamais injuste ; elle ne l'accuse pas
quand elle en est vaincue , et ne veut pas
qu'on l'accuse quand elle triomphe avec elle.
Le courage et l'espérance ne l'abandonnent
point dans les plus grandes adversités ; elle
sait mieux tirer parti d'une défaite que d'autres d'une victoire. Après dix batailles perdues, elle se retrouve au point où elle était;
et quand ses armes sont vaincues, sa politique
est encore victorieuse. Si aucun cabinet ne
sait mieux se plier aux conjonctures , nul
non plus ne sait mieux l'art d'en profiter.

A aucune époque la politique de l'Autriche n'a eu une marche plus franche et
plus fixe qu'en ce moment. Le pouvoir absolu est attaqué par l'esprit constitutionnel ;
elle n'a plus rien à dissimuler. Pour la première
fois , son langage est sans détour , elle pro-
clame les principes du despotisme , et les
justifie par le glaive. Elle ne prend aucun
ménagement avec ce nouvel ennemi ; elle
s'est dépouillée de ses vieilles inimitiés ; son
glaive et sa haine sont dirigés contre le fléau
des constitutions , unique objet de ses alarmes et de son horreur. Pour le combattre ,
elle a fait un pacte avec ses rivaux : elle s'est
liguée avec la Prusse. La cause du pouvoir absolu a réuni ce que tant d'intérêts contraires
avaient si long-temps séparé ; la haine des constitutions a produit cette amitié monstrueuse.

Le cabinet de Prusse s'en est plus épou-
vanté que le cabinet d'Autriche. Sa frayeur

l'avait engagé dans une promesse qui s'est
dissipée avec elle. La nation prussienne s'y
était méprise assez légèrement, car il était
peu probable qu'un gouvernement militaire
pût s'allier à une constitution qui admet-
trait des pouvoirs balancés dans un état toujours armé, dont la nature appartient au
pouvoir absolu. Quelle garantie donner à des
droits de citoyens dans une monarchie de
baïonnettes? La Prusse ne peut guère prendre une autre forme. Elle ne peut changer
ni de politique ni d'administration : il faut
qu'elle soit armée et que son royaume soit
un camp. Aussi campe-t-elle au milieu de
l'Europe, à la manière des Romains. Elle est
toujours debout, comme les soldats de Pom-
pée. La situation ouverte où elle se trouve
la tient dans cet état de prudence et d'a-
larmes. C'est ainsi qu'elle se maintient au
rang des premières puissances ; elle tombe-
rait au rang des dernières, le jour où son ad-

ministration serait plus civile que militaire.
Placée presque sans rempart entre des puissances qui l'effraient, sa sûreté est d'être
sous les armes. Avec de bonnes armées, les
villages sont des places fortes : c'est le mot de
Turenne, mis en action par la Prusse. C'est
le système militaire des premiers Romains.
Toute la nation est animée du même esprit
guerrier. On en juge facilement par cette attitude militaire dans laquelle elle se complaît,
et par cette passion de l'étude stratégique,
universelle chez ce peuple, qui ne compose
sa littérature que de mémoires militaires,
de traités de tactique, et de tous les ouvrages
qui enseignent le grand art de la guerre.
L'esprit et l'état militaire de la Prusse font
toute son existence politique ; c'est par là
qu'elle assure son rang. Si son esprit et son
système s'altéraient, elle ne serait bientôt
qu'un état auxiliaire. Ses voisins la res-
pectent sans la craindre, parcequ'elle peut

tenir un rang égal , mais jamais supérieur. Le gouvernement de Prusse étant militaire et obligé de l'être , tenant sur pied de
grandes forces toujours prêtes , est une des
causes qui forceront l'Europe à conserver son
état militaire si pesant, si ruineux , et toujours si menaçant pour les libertés conquises,
ou les libertés à conquérir. Elles ne germent
point sur des places d'armes. Comment la
Prusse , qui en est une , deviendrait-elle un
asile des libertés publiques ? Toutefois son
peuple est très disposé à les accueillir et
même à les demander , et bientôt peut-être
à les exiger. Déjà il a obtenu un organe de
l'opinion publique : c'est un principe de vie
pour ses destinées futures. Cette conquête
est plus grande que son gouvernement ne
l'a pensé : un grand fleuve peut sortir de la
plus faible source. Cette nation , comme
presque toutes celles de l'Europe , est en opposition avec son gouvernement ; elle est

entrée dans la lutte générale et tacite ; il faut
souhaiter aux rois des transactions heureuses
qui préviendraient la lutte ouverte.

Les exemples ne manquent point aux
peuples qui veulent obtenir des droits et les
exercer. La Prusse confine à la Belgique,
cette seconde terre de la liberté en Europe :
tout contact a des conséquences. Son désir
d'être libre ne peut que s'accroître par le
spectacle d'une nation qui peut se vanter de
l'être. La maison d'Orange est féconde en
princes nobles et généreux ; leur gouvernement est libéral et doux ; on peut envier le
bonheur de vivre sous leur tutelle. De toutes
les maisons royales d'Europe , elle est sans
contredit la plus amie des peuples. Il est
juste d'en faire la réflexion. et utile de la faire
faire : c'était avec raison que les députés de
la ville de Londres disaient à Guillaume III :
« *Vous êtes d'une maison dont les glorieux an-*

» *cêtres ont toujours fait du bien au genre hu-*
» *main.* » Noble éloge et le seul qu'on devrait
faire aux rois. Aucun roi contemporain ne
possède plus de vertus que le roi qui règne
aujourd'hui sur le peuple belge ; aucun n'est
plus disposé à remplir tous les devoirs de la
royauté, et nul roi et nul homme ne montra tant d'amour de la justice et plus de res-
pect pour les lois. Sous de tels princes,
l'esprit républicain ne germe point dans les
empires.

Cependant, ce roi si digne de l'être ne fait
point le bonheur de sa nation. Elle succombe
sous le fardeau des impôts ; le commerce
de ce pays est frappé par l'Angleterre, qui
y a établi le sien ; son système d'administration est vicieux. Ce ne sont point des
maux sans remède et sans terme, mais ils
sont assez grands pour flétrir le cœur de
tout un peuple. Ce n'est pas assez que d'être

libre, il ne faut pas que ce bonheur soit
payé du sacrifice de tous les autres ; ce n'est
point assez que de respirer à l'aise , il ne faut
pas que l'air soit pesé et vendu à si grand
prix. Aucun roi ne doit ignorer que s'il y a
peu de danger à blesser quelques classes de
citoyens , il y en a beaucoup à atteindre les
masses ; aucun ne doit perdre de vue que
les impôts accablants sont une cause mé-
diate ou immédiate de révolutions , qu'ils
les font naître ou les déterminent , et que
quand ils n'en sont pas le principe , ils en
sont le prétexte.

Il serait digne du sage roi des Belges de ne
point laisser à ses successeurs la douceur et
la gloire de fermer les plaies de son pays , et
de faire cesser ce triste concert de plaintes,
qui doit souvent troubler le repos d'un roi si
vertueux.

Si un jour il ne manque rien au bonheur

de ce royaume, il aura toujours quelque,
chose à souhaiter pour sa dignité. Trop faible
devant les grandes puissances au milieu des-
quelles il est enclavé, il se verra forcé de subir les influences qui lui viendront par ses
frontières ou ses rivages.

Les peuples n'ont point la sagesse de juger
de leur condition par comparaison : s'il en
était ainsi, quel peuple ne serait content de
la sienne, en jetant ses regards sur l'Espagne
et la Grèce ensanglantées ! Que de cris s'élè-
vent de ces contrées désolées ! Les Indiens
sont bien vengés ! Mais de nos jours, qu'a
fait l'Espagne pour attirer sur elle la colère
des rois et toutes les calamités dont ils l'ont
accablée ? En récompense de son dévouement
pour son roi, elle lui a redemandé ses anciens
droits foulés aux pieds de Charles-Quint et
de l'atroce Philippe II. Voilà son crime, et
le crime est grand sans doute, d'oser récla-

mer des droits envahis et la promesse donnée
de les rendre. C'est aux nouveaux ligueurs
de la France qu'elle doit tous ses malheurs

La révolution d'Espagne, ont-ils dit, est
née de la révolution de France, il faut noyer
les deux monstres dans le sang des Espagnols ; il faut tuer la révolution à Madrid,
pour qu'elle meure à Paris. Telle a été la
pensée des conseillers de cette guerre qu'un
ministre des cultes a qualifiée de *guerre
sainte*, nom mystérieux réservé aux pro-
scriptions de l'église romaine. Qu'en est-il
arrivé? l'esprit de la révolution s'est fortifié
à Madrid et à Paris; il se vivifie dans le
saug, il grandit sur les hécatombes. Ainsi
disait le chancelier de l'Hôpital aux catho-
liques de son temps : *Vos cruautés envers
les protestants en ont doublé le nombre*. Les
auteurs de cette guerre se sont arrogé un
droit d'intervention, car lorsque la force

agit, elle veut toujours qu'on l'appelle droit.
Quand Philippe II envoyait ses armées à
Paris au secours de la ligue, il exerçait aussi
son droit d'intervention ; voilà les maximes
d'un pouvoir injuste. L'Autriche n'avait pas
manqué de les appliquer à l'Italie ; son
code de la force est riche de ces maximes ;
si les gouvernements républicains étaient
assez forts et assez injustes pour établir leur
droit d'intervention , on verrait d'étranges
conséquences de cette législation politique.

C'est pourtant sur cette fausse base que s'est
établi le système de coalition des rois ; mais
ce droit d'intervention, qu'est-il autre chose
que le droit d'invasion ? Et qu'est-ce qu'un
droit d'invasion, quand il n'y a ni offense ,
ni attaque ; la justice seule est un principe ;
jamais ce nom ne peut appartenir à la force.

Les ministres de France, qui depuis trois
ans n'ont gouverné que par leurs passions et

leur parti, ont pris l'initiative de cette guerre
odieuse. Ils ont envoyé contre l'Espagne les
guerriers français, comme les gendarmes de
la Sainte-Alliance. Tel est l'abaissement où
ils sont tombés. Telle a été la mission de
cette France qui, lorsqu'elle sera confiée à
de plus nobles mains, et que ses destinées
constitutionnelles seront accomplies, fera
trembler cette même Sainte-Alliance qui la
comprime, mais qui ne l'épouvante pas.

L'Europe a retenti des cris de joie des prédicateurs de cette guerre ; c'est la cause des
rois, disaient-ils ; c'est la cause de Dieu,
ont dit les prêtres romains : ce n'était que
la cause de la tyrannie. Combien d'espérances ils avaient placées dans leur plan d'exter-
mination ! mais tous ces efforts de l'orgueil,
tous ces désirs de vengeance, tous ces vœux
barbares sont venus échouer contre la vertu
d'un seul homme. C'est alors que, voyant leur

fureur trompée, et leurs projets détruits; ils ont fait entendre un vœu plus inhumain; ils ont souhaité que cette vertu disparût dans les forfaits d'Espagne; ce n'est point ici une révélation; ce vœu n'a été que trop public.

Le Prince, noble objet de ce vœu impie, à qui est dû tout l'honneur recueilli en Espagne, a effacé par sa conduite humaine et magnanime tout ce qu'avait d'odieux cette injuste entreprise; il a triomphé des passions de tout un peuple ulcéré, ce qui est bien autrement glorieux que de triompher de ses armes; il a remporté une *victoire sans larmes*, pour parler comme Athènes; son armée envoyée pour détruire est arrivée pour protéger. Si elle avait rempli les vœux barbares du parti qui l'envoyait, la nation française eût été aussi criminelle envers les Espagnols, que les Espagnols autrefois l'ont été envers les Indiens. Il est aussi juste de bénir les exe-

cuteurs de cette guerre, qu'il est juste d'en
maudire les conseillers ; ils ont fait de l'Espagne une terre de malheurs et de crimes
dont le terme ne peut plus être aperçu.

C'est courir de crime en crime et d'abîme
en abîme, que de passer de l'Espagne à la
Grèce. C'est dans cette cause que la politique
des rois est à découvert. Ce nom de Sainte-
Alliance n'est qu'une dérision cruelle à l'aspect d'une nation entière de chrétiens que les
rois de cette Sainte-Alliance voient égorger
d'un œil impassible par des tigres de forme
humaine. On devait croire que toute une
population chrétienne menacée d'extermi-
nation trouverait un refuge sous la bannière
du Christ, si fastueusement élevée par la main
des rois ; mais le repos et la contemplation
froide où ils se tiennent est un aveu public
que les intérêts de la religion ne s'allèguent
que par bienséance. Ainsi, dans les hauts
6.

conseils, la religion n'est jamais cause, elle est toujours prétexte; et ce n'est que pour se faire accueillir que les intérêts humains prennent le nom d'intérêts divins. Que font les rois de leur droit d'intervention? c'est dans une pareille cause qu'il serait justifié : mais que leur importe la nation grecque! elle n'est point gouvernée par un roi de race européenne. Les rois viennent au secours des rois, et non point des nations.

Mais si l'on s'étonne du repos des rois, que dira-t-on du silence de Rome? Rome chrétienne dans les siècles passés a commandé à l'Europe de se précipiter sur l'Asie; elle a rassemblé sous l'étendard du Christ les rois, les grands et les nations; à son appel, tous les royaumes d'Occident se sont formés en Sainte-Alliance; et pourquoi? pour aller assurer le pélerinage de la Syrie, pour s'emparer d'une ruine qui a perdu ses oracles. Rome

alors n'a point hésité d'ensevelir les générations européennes dans les sables de l'Asie,
pour y établir un siége de son empire, et
faire de la Palestine une paroisse d Rome ;
et aujourd'hui cette Rome est muette, en
voyant massacrer à ses portes un peuple en-
tier de chrétiens, qui imbibent de leur sang
cette terre fameuse qui a fait l'Europe sa-
vante et polie, cette terre, le berceau des
lettres et de la religion, et où les ministres
de cette religion ont conservé la pureté et la
douceur de l'Évangile. Rome ne forme plus
de croisades contre les musulmans, elle n'en
soulève que contre les protestants. Le secret
de son silence dans la destruction de la Grèce
n'est pas impénétrable. Les patriarches de la
Grèce ne reconnaissent point la suprématie
romaine; c'est un crime qui ne se pardonne
point à Rome, et il ne faudrait pas s'étonner si, à cause de ce crime, Athènes lui
était moins chère que Constantinople.

Rome a bien d'autres soins que celui du salut de la Grèce ; elle est occupée de l'extinction entière de la philosophie : le Vatican est le siége et le foyer d'une vaste conjuration qui embrasse tous les états d'Occident ; les chefs de ses armées secrètes sont à la cour des rois. L'esprit de Rome entre dans les conseils ; il descend sur les congrès. Dans toutes les contrées de l'Europe, elle dirige en silence un clergé dévoué, uni par un même esprit, obéissant à une même volonté . tendant à un même but. Les rois, un jour, se réveilleraient dans les chaînes de Rome, si la ligue philosophique des peuples, tant redoutée par les rois, ne les sauvait de ce joug bien autrement redoutable.

L'Orient n'importe point à Rome , tous ses arsenaux sont dans l'Occident. La France est sa place de défense et d'attaque. Elle y a une armée visible, et une armée invisible ; elle y

a ses plus habiles ambassadeurs, ses généraux, ses écrivains, ses prédicateurs; elle s'y
est emparée de l'instruction publique; elle
tient dans sa main le cœur des princes; elle
donne des ordres à leurs ministres. Comme
l'ancienne Rome, la nouvelle a l'empire des
Gaules : au milieu de ce triomphe, que lui
font les malheurs des Grecs ? La Grèce chrétienne nage dans le sang : mais la Grèce est
schismatique, Rome ne la connaît point; la
Grèce est indépendante, Rome ne veut que
des sujets; tout ce qui ne lui obéit point est
rebelle : le glaive des musulmans est le glaive
exterminateur prédit par les prophètes.

Mais, quels que soient les secrets de Rome
et les projets des ennemis des Grecs, l'empire d'Orient s'écroule enfin : *il n'en peut plus,*
selon l'expression de Bossuet. Ce fameux con-
tre-poids, introduit dans la balance européenne par Louis XIV, a perdu toute son im-

portance ; la chimère de l'ancienne politique,
le système d'équilibre a disparu. Ce système,
qui a coûté tant de sang à l'Europe pour fixer
un point d'égalité de forces, aussi impossible
à saisir que le point d'Archimède, n'étant
assis que sur le calcul des multitudes, sur
l'étendue et les rapports de positions, devait
nécessairement tomber dans un siècle où la
puissance morale des peuples a détruit tous
les ressorts de l'ancienne politique. Autrefois
les peuples n'étaient évalués que par leur
poids matériel ; ils étaient calculés comme
des forces d'impulsion et de répulsion ; ils n'a-
vaient que le mouvement : ils ont aujourd'hui
le mouvement et la pensée, qui se rend maî-
tresse du mouvement.

Cet odieux empire, que de plus odieux
flatteurs proposèrent à Louis XIV comme le
modèle de l'obéissance la plus stupide, et du
commandement le plus orgueilleux, n'a que

trop long-temps affligé les regards des peuples
d'Occident. Sa chute est un immense bienfait
pour l'humanité : ce sera pour les rois un af-
freux modèle de moins. Louis XIV a envié la
toute-puissance des sultans ; la pensée ne lui
en serait pas venue peut-être, s'ils n'avaient
pas été si près de lui. Il est de la nature des
rois de ne point haïr les préjugés de l'Orient,
où les rois sont mieux adorés que les dieux.
La puissance tout arbitraire de ces contrées
plairait à leur ambition, si les peuples étaient
disposés à la subir : les rois même les plus
modérés n'ont jamais refusé les hommages
divins. Quelques rois de France ont eu de la
ressemblance avec les rois d'Orient; plusieurs
en ont eu le faste, et tous en aiment
l'adoration; ils en ont même quelquefois
exercé le pouvoir, et il y a eu des temps où la
France ne semblait être qu'une Asie plus polie. Les Anglais, qui se connaissent en gouvernements , comparaient autrefois celui de

France aux gouvernements orientaux : sa forme actuelle ne permet plus ces rapprochements : mais alors la seule magistrature en faisait la différence.

D'ailleurs, en rejetant un peuple féroce à sa source, la civilisation européenne aura une garantie de plus ; et, en effet, si on y réfléchit bien, nous méprisons l'Asie, et l'esprit asiatique nous est rapporté du nord et de l'orient de l'Europe. Que deviendrait-elle, si ces deux points s'entendaient et se réunissaient contre elle ?

C'est un phénomène bien remarquable que la présence d'un peuple qui depuis plusieurs siècles se perpétue dans la patrie des arts, des sciences et de la liberté, et qui a conservé au même degré son ignorance, son esprit de servitude et sa brutalité ; qui, étant assis sur le seuil de l'Europe civilisée, est demeuré constamment barbare, et préfé-

rant son inepte barbarie à la civilisation et au
génie des autres peuples. Les religions seules
sont capables de produire et d'expliquer de
pareils phénomènes.

La majesté des rois d'Europe s'est perdue
dans Constantinople. Les sultans reçoivent
des hommages et n'en rendent point ; les rois
leur envoient des ambassadeurs, ils n'en
envoient nulle part. Les ambassadeurs des
rois n'ont point de titre sacré à Constantinople ; on les insulte, on les emprisonne,
on les chasse, et les rois ne s'en vengent
point : bientôt après ils leur rendent de
nouveaux hommages pour de nouvelles in-
sultes. Tous les sultans n'ont point le même
degré d'insolence et d'orgueil, mais, à part
leur caractère personnel, telle est la politique de l'empire, tel est le mépris de ces
barbares pour les nations européennes. Puisse
la Grèce venger l'Europe et les rois mêmes

qui l'abandonnent! Dans un an , le gouvernement grec aura changé la face des affaires
d'Orient.

Dans la situation actuelle des sociétes ,
dans le mouvement rapide qui les emporte ,
une année est un poids dans la destinée des
empires ; les évènements se pressent et se
succèdent avec une promptitude et une mo-
bilité qui révèle l'agitation du monde. Cette
agitation elle-même sera plus vive de jour
en jour, et le mouvement ne cessera point
que les peuples n'aient conquis le degré de
bonheur qu'ils ont conçu , qu'ils n'aient obtenu de leurs gouvernements une concession
de droits qui leur appartiennent, et qu'enfin la
politique ne soit en harmonie avec la morale
publique, et coördonnée à l'état de lumières
et de civilisation où l'Europe est parvenue.
Sa situation est violente et incertaine , mais
il faut s'arrêter aux traits qu'elle présente.

Ainsi la France, sans état fixe, placée entre son ancien et son nouveau régime, et rappelée à ses vieux préjugés; l'Italie impatiente attendant le moment de se défaire des siens; la moitié civilisée de l'Espagne réduite au silence et au désespoir par sa moitié barbare; l'Autriche conservant le modèle de la servitude heureuse; la Prusse ne sachant comment accorder son existence politique et son état civil; l'esprit polonais survivant à la Pologne; l'Allemagne toujours occupée des droits des peuples et des rois, interrogeant tout et ne décidant rien; la Russie instruisant l'Europe à l'obéissance asiatique; la Turquie croulant enfin aux acclamations des peuples civilisés; la Grèce se relevant sur ses ruines et les siennes, et se replaçant au rang des plus nobles peuples; la Suède avec ordre et sagesse marchant à ses nouvelles destinées; le Danemarck sans mouvement au milieu des sociétés ébranlées; la

Belgique n'ayant qu'un pas à faire pour être le plus heureux état de l'Europe ; la Suisse moins hospitalière, inquiétée dans ses libertés par sa population catholique ; l'Irlande d'autant plus fanatique qu'elle est plus malheureuse ; le Portugal échappant au joug des rois : Rome poursuivant la philosophie partout où elle se trouve, enveloppant l'Europe de ses armées secrètes ; enfin la superbe Angleterre, appuyée sur l'Amérique, dont elle sanctionne les destinées, planant du haut des mers sur cette Europe agitée, contemplant sans danger les orages qui s'y amoncellent, et pouvant à son gré donner à ces agitations une direction funeste à la tyrannie : telle est l'Europe aux premiers jours de 1825 ; elle ne sera plus la même à la fin de son cours.

FIN